2022-2024
Planner

MONTHLY PLANNER

This Book Belongs To:

_____

_____

_____

PERSONAL *Information*

NAME

ADDRESS

CITY   STATE

HOME   CELL

EMAIL

COMPANY NAME

ADDRESS

CITY   STATE

PHONE   CELL

EMAIL

DOCTOR

DENTIST

ALLERGIES

BLOOD TYPE

ESSENTIAL INFORMATION

EMERGENCY

NOTIFY & RELATIONSHIPS

ADDRESS

CITY   STATE

PHONE

EMAIL

2022

January

MON	TUE	WED	THU	FRI	SAT	SUN
					1	2
3	4	5	6	7	8	9
10	11	12	13	14	15	16
17	18	19	20	21	22	23
24	25	26	27	28	29	30
31						

February

MON	TUE	WED	THU	FRI	SAT	SUN
	1	2	3	4	5	6
7	8	9	10	11	12	13
14	15	16	17	18	19	20
21	22	23	24	25	26	27
28						

March

MON	TUE	WED	THU	FRI	SAT	SUN
	1	2	3	4	5	6
7	8	9	10	11	12	13
14	15	16	17	18	19	20
21	22	23	24	25	26	27
28	29	30	31			

April

MON	TUE	WED	THU	FRI	SAT	SUN
				1	2	3
4	5	6	7	8	9	10
11	12	13	14	15	16	17
18	19	20	21	22	23	24
25	26	27	28	29	30	

May

MON	TUE	WED	THU	FRI	SAT	SUN
						1
2	3	4	5	6	7	8
9	10	11	12	13	14	15
16	17	18	19	20	21	22
23	24	25	26	27	28	29
30	31					

June

MON	TUE	WED	THU	FRI	SAT	SUN
		1	2	3	4	5
6	7	8	9	10	11	12
13	14	15	16	17	18	19
20	21	22	23	24	25	26
27	28	29	30			

July

MON	TUE	WED	THU	FRI	SAT	SUN
				1	2	3
4	5	6	7	8	9	10
11	12	13	14	15	16	17
18	19	20	21	22	23	24
25	26	27	28	29	30	31

August

MON	TUE	WED	THU	FRI	SAT	SUN
1	2	3	4	5	6	7
8	9	10	11	12	13	14
15	16	17	18	19	20	21
22	23	24	25	26	27	28
29	30	31				

September

MON	TUE	WED	THU	FRI	SAT	SUN
			1	2	3	4
5	6	7	8	9	10	11
12	13	14	15	16	17	18
19	20	21	22	23	24	25
26	27	28	29	30		

October

MON	TUE	WED	THU	FRI	SAT	SUN
					1	2
3	4	5	6	7	8	9
10	11	12	13	14	15	16
17	18	19	20	21	22	23
24	25	26	27	28	29	30
31						

November

MON	TUE	WED	THU	FRI	SAT	SUN
	1	2	3	4	5	6
7	8	9	10	11	12	13
14	15	16	17	18	19	20
21	22	23	24	25	26	27
28	29	30				

December

MON	TUE	WED	THU	FRI	SAT	SUN
			1	2	3	4
5	6	7	8	9	10	11
12	13	14	15	16	17	18
19	20	21	22	23	24	25
26	27	28	29	30	31	

2023

January

MON	TUE	WED	THU	FRI	SAT	SUN
						1
2	3	4	5	6	7	8
9	10	11	12	13	14	15
16	17	18	19	20	21	22
23	24	25	26	27	28	29
30	31					

February

MON	TUE	WED	THU	FRI	SAT	SUN
		1	2	3	4	5
6	7	8	9	10	11	12
13	14	15	16	17	18	19
20	21	22	23	24	25	26
27	28					

March

MON	TUE	WED	THU	FRI	SAT	SU
		1	2	3	4	5
6	7	8	9	10	11	12
13	14	15	16	17	18	19
20	21	22	23	24	25	26
27	28	29	30	31		

April

MON	TUE	WED	THU	FRI	SAT	SUN
					1	2
3	4	5	6	7	8	9
10	11	12	13	14	15	16
17	18	19	20	21	22	23
24	25	26	27	28	29	30

May

MON	TUE	WED	THU	FRI	SAT	SUN
1	2	3	4	5	6	7
8	9	10	11	12	13	14
15	16	17	18	19	20	21
22	23	24	25	26	27	28
29	30	31				

June

MON	TUE	WED	THU	FRI	SAT	SU
			1	2	3	4
5	6	7	8	9	10	11
12	13	14	15	16	17	18
19	20	21	22	23	24	25
26	27	28	29	30		

July

MON	TUE	WED	THU	FRI	SAT	SUN
					1	2
3	4	5	6	7	8	9
10	11	12	13	14	15	16
17	18	19	20	21	22	23
24	25	26	27	28	29	30
31						

August

MON	TUE	WED	THU	FRI	SAT	SUN
	1	2	3	4	5	6
7	8	9	10	11	12	13
14	15	16	17	18	19	20
21	22	23	24	25	26	27
28	29	30	31			

September

MON	TUE	WED	THU	FRI	SAT	SU
				1	2	3
4	5	6	7	8	9	10
11	12	13	14	15	16	17
18	19	20	21	22	23	24
25	26	27	28	29	30	

October

MON	TUE	WED	THU	FRI	SAT	SUN
						1
2	3	4	5	6	7	8
9	10	11	12	13	14	15
16	17	18	19	20	21	22
23	24	25	26	27	28	29
30	31					

November

MON	TUE	WED	THU	FRI	SAT	SUN
		1	2	3	4	5
6	7	8	9	10	11	12
13	14	15	16	17	18	19
20	21	22	23	24	25	26
27	28	29	30			

December

MON	TUE	WED	THU	FRI	SAT	SU
				1	2	3
4	5	6	7	8	9	10
11	12	13	14	15	16	17
18	19	20	21	22	23	24
25	26	27	28	29	30	31

2024

January

MON	TUE	WED	THU	FRI	SAT	SUN
1	2	3	4	5	6	7
8	9	10	11	12	13	14
15	16	17	18	19	20	21
22	23	24	25	26	27	28
29	30	31				

February

MON	TUE	WED	THU	FRI	SAT	SUN
			1	2	3	4
5	6	7	8	9	10	11
12	13	14	15	16	17	18
19	20	21	22	23	24	25
26	27	28	29			

March

MON	TUE	WED	THU	FRI	SAT	SUN
				1	2	3
4	5	6	7	8	9	10
11	12	13	14	15	16	17
18	19	20	21	22	23	24
25	26	27	28	29	30	31

April

MON	TUE	WED	THU	FRI	SAT	SUN
1	2	3	4	5	6	7
8	9	10	11	12	13	14
15	16	17	18	19	20	21
22	23	24	25	26	27	28
29	30					

May

MON	TUE	WED	THU	FRI	SAT	SUN
		1	2	3	4	5
6	7	8	9	10	11	12
13	14	15	16	17	18	19
20	21	22	23	24	25	26
27	28	29	30	31		

June

MON	TUE	WED	THU	FRI	SAT	SUN
					1	2
3	4	5	6	7	8	9
10	11	12	13	14	15	16
17	18	19	20	21	22	23
24	25	26	27	28	29	30

July

MON	TUE	WED	THU	FRI	SAT	SUN
1	2	3	4	5	6	7
8	9	10	11	12	13	14
15	16	17	18	19	20	21
22	23	24	25	26	27	28
29	30	31				

August

MON	TUE	WED	THU	FRI	SAT	SUN
			1	2	3	4
5	6	7	8	9	10	11
12	13	14	15	16	17	18
19	20	21	22	23	24	25
26	27	28	29	30	31	

September

MON	TUE	WED	THU	FRI	SAT	SUN
						1
2	3	4	5	6	7	8
9	10	11	12	13	14	15
16	17	18	19	20	21	22
23	24	25	26	27	28	29
30						

October

MON	TUE	WED	THU	FRI	SAT	SUN
	1	2	3	4	5	6
7	8	9	10	11	12	13
14	15	16	17	18	19	20
21	22	23	24	25	26	27
28	29	30	31			

November

MON	TUE	WED	THU	FRI	SAT	SUN
				1	2	3
4	5	6	7	8	9	10
11	12	13	14	15	16	17
18	19	20	21	22	23	24
25	26	27	28	29	30	

December

MON	TUE	WED	THU	FRI	SAT	SUN
						1
2	3	4	5	6	7	8
9	10	11	12	13	14	15
16	17	18	19	20	21	22
23	24	25	26	27	28	29
30	31					

2022

January

MON	TUE	WED	THU	FRI	SAT	SUN
					1	2
3	4	5	6	7	8	9
10	11	12	13	14	15	16
17	18	19	20	21	22	23
24	25	26	27	28	29	30
31						

February

MON	TUE	WED	THU	FRI	SAT	SUN
	1	2	3	4	5	6
7	8	9	10	11	12	13
14	15	16	17	18	19	20
21	22	23	24	25	26	27
28						

March

MON	TUE	WED	THU	FRI	SAT	SU
	1	2	3	4	5	6
7	8	9	10	11	12	13
14	15	16	17	18	19	20
21	22	23	24	25	26	27
28	29	30	31			

April

MON	TUE	WED	THU	FRI	SAT	SUN
				1	2	3
4	5	6	7	8	9	10
11	12	13	14	15	16	17
18	19	20	21	22	23	24
25	26	27	28	29	30	

May

MON	TUE	WED	THU	FRI	SAT	SUN
						1
2	3	4	5	6	7	8
9	10	11	12	13	14	15
16	17	18	19	20	21	22
23	24	25	26	27	28	29
30	31					

June

MON	TUE	WED	THU	FRI	SAT	SU
	1	2	3	4	5
6	7	8	9	10	11	12
13	14	15	16	17	18	19
20	21	22	23	24	25	26
27	28	29	30			

Notes

2022

July

MON	TUE	WED	THU	FRI	SAT	SUN
				1	2	3
4	5	6	7	8	9	10
11	12	13	14	15	16	17
18	19	20	21	22	23	24
25	26	27	28	29	30	31

August

MON	TUE	WED	THU	FRI	SAT	SUN
1	2	3	4	5	6	7
8	9	10	11	12	13	14
15	16	17	18	19	20	21
22	23	24	25	26	27	28
29	30	31				

September

MON	TUE	WED	THU	FRI	SAT	SUN
			1	2	3	4
5	6	7	8	9	10	11
12	13	14	15	16	17	18
19	20	21	22	23	24	25
26	27	28	29	30		

October

MON	TUE	WED	THU	FRI	SAT	SUN
					1	2
3	4	5	6	7	8	9
10	11	12	13	14	15	16
17	18	19	20	21	22	23
24	25	26	27	28	29	30
31						

November

MON	TUE	WED	THU	FRI	SAT	SUN
	1	2	3	4	5	6
7	8	9	10	11	12	13
14	15	16	17	18	19	20
21	22	23	24	25	26	27
28	29	30				

December

MON	TUE	WED	THU	FRI	SAT	SUN
			1	2	3	4
5	6	7	8	9	10	11
12	13	14	15	16	17	18
19	20	21	22	23	24	25
26	27	28	29	30	31	

Notes

2023

January

MON	TUE	WED	THU	FRI	SAT	SUN
						1
2	3	4	5	6	7	8
9	10	11	12	13	14	15
16	17	18	19	20	21	22
23	24	25	26	27	28	29
30	31					

February

MON	TUE	WED	THU	FRI	SAT	SUN
		1	2	3	4	5
6	7	8	9	10	11	12
13	14	15	16	17	18	19
20	21	22	23	24	25	26
27	28					

March

MON	TUE	WED	THU	FRI	SAT	SU
		1	2	3	4	5
6	7	8	9	10	11	1
13	14	15	16	17	18	1
20	21	22	23	24	25	2
27	28	29	30	31		

April

MON	TUE	WED	THU	FRI	SAT	SUN
					1	2
3	4	5	6	7	8	9
10	11	12	13	14	15	16
17	18	19	20	21	22	23
24	25	26	27	28	29	30

May

MON	TUE	WED	THU	FRI	SAT	SUN
1	2	3	4	5	6	7
8	9	10	11	12	13	14
15	16	17	18	19	20	21
22	23	24	25	26	27	28
29	30	31				

June

MON	TUE	WED	THU	FRI	SAT	SU
			1	2	3	4
5	6	7	8	9	10	1
12	13	14	15	16	17	18
19	20	21	22	23	24	25
26	27	28	29	30		

Notes

_____

_____

_____

_____

_____

_____

_____

_____

_____

_____

2023

July

ON	TUE	WED	THU	FRI	SAT	SUN
					1	2
3	4	5	6	7	8	9
0	11	12	13	14	15	16
7	18	19	20	21	22	23
4	25	26	27	28	29	30
1						

August

MON	TUE	WED	THU	FRI	SAT	SUN
	1	2	3	4	5	6
7	8	9	10	11	12	13
14	15	16	17	18	19	20
21	22	23	24	25	26	27
28	29	30	31			

September

MON	TUE	WED	THU	FRI	SAT	SUN
				1	2	3
4	5	6	7	8	9	10
11	12	13	14	15	16	17
18	19	20	21	22	23	24
25	26	27	28	29	30	

October

ON	TUE	WED	THU	FRI	SAT	SUN
						1
2	3	4	5	6	7	8
9	10	11	12	13	14	15
6	17	18	19	20	21	22
3	24	25	26	27	28	29
0	31					

November

MON	TUE	WED	THU	FRI	SAT	SUN
		1	2	3	4	5
6	7	8	9	10	11	12
13	14	15	16	17	18	19
20	21	22	23	24	25	26
27	28	29	30			

December

MON	TUE	WED	THU	FRI	SAT	SUN
				1	2	3
4	5	6	7	8	9	10
11	12	13	14	15	16	17
18	19	20	21	22	23	24
25	26	27	28	29	30	31

Notes

2024

January

MON	TUE	WED	THU	FRI	SAT	SUN
1	2	3	4	5	6	7
8	9	10	11	12	13	14
15	16	17	18	19	20	21
22	23	24	25	26	27	28
29	30	31				

February

MON	TUE	WED	THU	FRI	SAT	SUN
			1	2	3	4
5	6	7	8	9	10	11
12	13	14	15	16	17	18
19	20	21	22	23	24	25
26	27	28	29			

March

MON	TUE	WED	THU	FRI	SAT	SU
				1	2	3
4	5	6	7	8	9	1
11	12	13	14	15	16	1
18	19	20	21	22	23	2
25	26	27	28	29	30	3

April

MON	TUE	WED	THU	FRI	SAT	SUN
1	2	3	4	5	6	7
8	9	10	11	12	13	14
15	16	17	18	19	20	21
22	23	24	25	26	27	28
29	30					

May

MON	TUE	WED	THU	FRI	SAT	SUN
		1	2	3	4	5
6	7	8	9	10	11	12
13	14	15	16	17	18	19
20	21	22	23	24	25	26
27	28	29	30	31		

June

MON	TUE	WED	THU	FRI	SAT	SU
					1	2
3	4	5	6	7	8	9
10	11	12	13	14	15	1
17	18	19	20	21	22	2
24	25	26	27	28	29	3

Notes

2024

July

MON	TUE	WED	THU	FRI	SAT	SUN
1	2	3	4	5	6	7
8	9	10	11	12	13	14
15	16	17	18	19	20	21
22	23	24	25	26	27	28
29	30	31				

August

MON	TUE	WED	THU	FRI	SAT	SUN
			1	2	3	4
5	6	7	8	9	10	11
12	13	14	15	16	17	18
19	20	21	22	23	24	25
26	27	28	29	30	31	

September

MON	TUE	WED	THU	FRI	SAT	SUN
						1
2	3	4	5	6	7	8
9	10	11	12	13	14	15
16	17	18	19	20	21	22
23	24	25	26	27	28	29
30						

October

MON	TUE	WED	THU	FRI	SAT	SUN
	1	2	3	4	5	6
7	8	9	10	11	12	13
14	15	16	17	18	19	20
21	22	23	24	25	26	27
28	29	30	31			

November

MON	TUE	WED	THU	FRI	SAT	SUN
				1	2	3
4	5	6	7	8	9	10
11	12	13	14	15	16	17
18	19	20	21	22	23	24
25	26	27	28	29	30	

December

MON	TUE	WED	THU	FRI	SAT	SUN
						1
2	3	4	5	6	7	8
9	10	11	12	13	14	15
16	17	18	19	20	21	22
23	24	25	26	27	28	29
30	31					

Notes

YEARLY PLANNER 2022

	January	February	March	April	May	June
1						
2						
3						
4						
5						
6						
7						
8						
9						
10						
11						
12						
13						
14						
15						
16						
17						
18						
19						
20						
21						
22						
23						
24						
25						
26						
27						
28						
29						
30						
31						

YEARLY PLANNER 2022

	July	August	September	October	November	December
1						
2						
3						
4						
5						
6						
7						
8						
9						
10						
11						
12						
13						
14						
15						
16						
17						
18						
19						
20						
21						
22						
23						
24						
25						
26						
27						
28						
29						
30						
31						

YEARLY PLANNER

202

	January	February	March	April	May	June
1						
2						
3						
4						
5						
6						
7						
8						
9						
10						
11						
12						
13						
14						
15						
16						
17						
18						
19						
20						
21						
22						
23						
24						
25						
26						
27						
28						
29						
30						
31						

YEARLY PLANNER 2023

	July	August	September	October	November	December
1						
2						
3						
4						
5						
6						
7						
8						
9						
10						
11						
12						
13						
14						
15						
16						
17						
18						
19						
20						
21						
22						
23						
24						
25						
26						
27						
28						
29						
30						
31						

YEARLY PLANNER

2024

	January	February	March	April	May	June
1						
2						
3						
4						
5						
6						
7						
8						
9						
10						
11						
12						
13						
14						
15						
16						
17						
18						
19						
20						
21						
22						
23						
24						
25						
26						
27						
28						
29						
30						
31						

YEARLY PLANNER 2024

	July	August	September	October	November	December
1						
2						
3						
4						
5						
6						
7						
8						
9						
10						
11						
12						
13						
14						
15						
16						
17						
18						
19						
20						
21						
22						
23						
24						
25						
26						
27						
28						
29						
30						
31						

January

2022

MONDAY	TUESDAY	WEDNESDAY	THURSDAY
27	28	29	30
3	4	5	6
10	11	12	13
17	18	19	20
24	25	26	27
31	1	2	3

January 2022

FRIDAY	SATURDAY	SUNDAY	NOTES
31	1	2	_____
			_____
			_____
7	8	9	_____
			_____
			_____
14	15	16	_____
			_____
			_____
21	22	23	_____
			_____
			_____
28	29	30	_____
			_____
			_____
4	5	6	_____
			_____
			_____

February 2022

MONDAY	TUESDAY	WEDNESDAY	THURSDAY
31	1	2	3
7	8	9	10
14	15	16	17
21	22	23	24
28	1	2	3

February 2022

FRIDAY	SATURDAY	SUNDAY	NOTES
4	5	6	
11	12	13	
18	19	20	
25	26	27	
4	5	6	

March
2022

MONDAY	TUESDAY	WEDNESDAY	THURSDAY
28	1	2	3
7	8	9	10
14	15	16	17
21	22	23	24
28	29	30	31

March

2022

FRIDAY	SATURDAY	SUNDAY	NOTES
4	5	6	
11	12	13	
18	19	20	
25	26	27	
1	2	3	

April

2022

MONDAY	TUESDAY	WEDNESDAY	THURSDAY
28	29	30	31
4	5	6	7
11	12	13	14
18	19	20	21
25	26	27	28

April

2022

FRIDAY	SATURDAY	SUNDAY	NOTES
1	2	3	
8	9	10	
15	16	17	
22	23	24	
29	30		

May

2022

MONDAY	TUESDAY	WEDNESDAY	THURSDAY
25	26	27	28
2	3	4	5
9	10	11	12
16	17	18	19
23	24	25	26
30	31	1	2

May

2022

FRIDAY	SATURDAY	SUNDAY	NOTES
29	30	1	
6	7	8	
13	14	15	
20	21	22	
27	28	29	
3	4	5	

June

MONDAY	TUESDAY	WEDNESDAY	THURSDAY
30	31	1	2
6	7	8	9
13	14	15	16
20	21	22	23
27	28	29	30

June 2022

FRIDAY	SATURDAY	SUNDAY	NOTES
3	4	5	
10	11	12	
17	18	19	
24	25	26	
1	2	3	

July 2022

MONDAY	TUESDAY	WEDNESDAY	THURSDAY
27	28	29	30
4	5	6	7
11	12	13	14
18	19	20	21
25	26	27	28

July 2022

FRIDAY	SATURDAY	SUNDAY	NOTES
1	2	3	_____
8	9	10	_____
15	16	17	_____
22	23	24	_____
29	30	31	_____
			_____

August 2022

MONDAY	TUESDAY	WEDNESDAY	THURSDAY
1	2	3	4
8	9	10	11
15	16	17	18
22	23	24	25
29	30	31	1

August 2022

FRIDAY	SATURDAY	SUNDAY	NOTES
5	6	7	
12	13	14	
19	20	21	
26	27	28	
2	3	4	

September 2022

MONDAY	TUESDAY	WEDNESDAY	THURSDAY
29	30	31	1
5	6	7	8
12	13	14	15
19	20	21	22
26	27	28	29

September

2022

FRIDAY	SATURDAY	SUNDAY	NOTES
2	3	4	
9	10	11	
16	17	18	
23	24	25	
30	1	2	

October

2022

MONDAY	TUESDAY	WEDNESDAY	THURSDAY
26	27	28	29
3	4	5	6
10	11	12	13
17	18	19	20
24	25	26	27
31	1	2	3

October 2022

FRIDAY	SATURDAY	SUNDAY	NOTES
30	1	2	
7	8	9	
14	15	16	
21	22	23	
28	29	30	
4	5	6	

November

2022

MONDAY	TUESDAY	WEDNESDAY	THURSDAY
31	1	2	3
7	8	9	10
14	15	16	17
21	22	23	24
28	29	30	1

November 2022

FRIDAY	SATURDAY	SUNDAY	NOTES
4	5	6	
11	12	13	
18	19	20	
25	26	27	
2	3	4	

December

2022

MONDAY	TUESDAY	WEDNESDAY	THURSDAY
29	30	31	1
5	6	7	8
12	13	14	15
19	20	21	22
26	27	28	29

December 2022

FRIDAY	SATURDAY	SUNDAY	NOTES
2	3	4	_____
			_____
9	10	11	_____
			_____
16	17	18	_____
			_____
23	24	25	_____
			_____
30	31	1	_____
			_____
			_____
			_____

January

2023

MONDAY	TUESDAY	WEDNESDAY	THURSDAY
2	3	4	5
9	10	11	12
16	17	18	19
23	24	25	26
30	31		

January

2023

FRIDAY	SATURDAY	SUNDAY	NOTES
		1	
6	7	8	
13	14	15	
20	21	22	
27	28	29	

February 2023

MONDAY	TUESDAY	WEDNESDAY	THURSDAY
		1	2
6	7	8	9
13	14	15	16
20	21	22	23
27	28		

February 2023

FRIDAY	SATURDAY	SUNDAY	NOTES
3	4	5	_____
10	11	12	_____
17	18	19	_____
24	25	26	_____
			_____

March 2023

MONDAY	TUESDAY	WEDNESDAY	THURSDAY
		1	2
6	7	8	9
13	14	15	16
20	21	22	23
27	28	29	30

March

2023

FRIDAY	SATURDAY	SUNDAY	NOTES
3	4	5	
10	11	12	
17	18	19	
24	25	26	
31			

April

2023

MONDAY	TUESDAY	WEDNESDAY	THURSDAY
3	4	5	6
10	11	12	13
17	18	19	20
24	25	26	27

April 2023

FRIDAY	SATURDAY	SUNDAY	NOTES
	1	2	_____
			_____
			_____
7	8	9	_____
			_____
			_____
14	15	16	_____
			_____
			_____
21	22	23	_____
			_____
28	29	30	_____
			_____
			_____
			_____
			_____

May

2023

MONDAY	TUESDAY	WEDNESDAY	THURSDAY
1	2	3	4
8	9	10	11
15	16	17	18
22	23	24	25
29	30	31	

May

2023

FRIDAY	SATURDAY	SUNDAY	NOTES
5	6	7	
12	13	14	
19	20	21	
26	27	28	

June

2023

MONDAY	TUESDAY	WEDNESDAY	THURSDAY
			1
5	6	7	8
12	13	14	15
19	20	21	22
26	27	28	29

une 2023

FRIDAY	SATURDAY	SUNDAY	NOTES
2	3	4	
9	10	11	
16	17	18	
23	24	25	
30			

July 2023

MONDAY	TUESDAY	WEDNESDAY	THURSDAY
3	4	5	6
10	11	12	13
17	18	19	20
24	25	26	27
31			

July   2023

FRIDAY	SATURDAY	SUNDAY	NOTES
	1	2	_____
			_____
			_____
7	8	9	_____
			_____
			_____
14	15	16	_____
			_____
			_____
21	22	23	_____
			_____
			_____
28	29	30	_____
			_____
			_____
			_____
			_____

August

2023

MONDAY	TUESDAY	WEDNESDAY	THURSDAY
	1	2	3
7	8	9	10
14	15	16	17
21	22	23	24
28	29	30	31

August 2023

FRIDAY	SATURDAY	SUNDAY	NOTES
4	5	6	
11	12	13	
18	19	20	
25	26	27	

September 2023

MONDAY	TUESDAY	WEDNESDAY	THURSDAY
4	5	6	7
11	12	13	14
18	19	20	21
25	26	27	28

September 2023

FRIDAY	SATURDAY	SUNDAY	NOTES
1	2	3	
8	9	10	
15	16	17	
22	23	24	
29	30		

October 2023

MONDAY	TUESDAY	WEDNESDAY	THURSDAY
2	3	4	5
9	10	11	12
16	17	18	19
23	24	25	26
30	31		

October 2023

FRIDAY	SATURDAY	SUNDAY	NOTES
		1	_____
6	7	8	_____
13	14	15	_____
20	21	22	_____
27	28	29	_____
			_____

November
2023

MONDAY	TUESDAY	WEDNESDAY	THURSDAY
		1	2
6	7	8	9
13	14	15	16
20	21	22	23
27	28	29	30

November 2023

FRIDAY	SATURDAY	SUNDAY	NOTES
3	4	5	
10	11	12	
17	18	19	
24	25	26	

December 2023

MONDAY	TUESDAY	WEDNESDAY	THURSDAY
4	5	6	7
11	12	13	14
18	19	20	21
25	26	27	28

December 2023

FRIDAY	SATURDAY	SUNDAY	NOTES
1	2	3	_____
8	9	10	_____
15	16	17	_____
22	23	24	_____
29	30	31	_____
			_____

January

2024

MONDAY	TUESDAY	WEDNESDAY	THURSDAY
1	2	3	4
8	9	10	11
15	16	17	18
22	23	24	25
29	30	31	

January

2024

FRIDAY	SATURDAY	SUNDAY	NOTES
5	6	7	
12	13	14	
19	20	21	
26	27	28	

February 2024

MONDAY	TUESDAY	WEDNESDAY	THURSDAY
			1
5	6	7	8
12	13	14	15
19	20	21	22
26	27	28	29

February 2024

FRIDAY	SATURDAY	SUNDAY	NOTES
2	3	4	
9	10	11	
16	17	18	
23	24	25	

March

2024

MONDAY	TUESDAY	WEDNESDAY	THURSDAY
4	5	6	7
11	12	13	14
18	19	20	21
25	26	27	28

March 2024

FRIDAY	SATURDAY	SUNDAY	NOTES
1	2	3	
8	9	10	
15	16	17	
22	23	24	
29	30	31	

April

2024

MONDAY	TUESDAY	WEDNESDAY	THURSDAY
1	2	3	4
8	9	10	11
15	16	17	18
22	23	24	25
29	30		

April

2024

FRIDAY	SATURDAY	SUNDAY	NOTES
5	6	7	_____
12	13	14	_____
19	20	21	_____
26	27	28	_____
			_____

May

2024

MONDAY	TUESDAY	WEDNESDAY	THURSDAY
		1	2
6	7	8	9
13	14	15	16
20	21	22	23
27	28	29	30

May 2024

FRIDAY	SATURDAY	SUNDAY	NOTES
3	4	5	
10	11	12	
17	18	19	
24	25	26	
31			

June 2024

MONDAY	TUESDAY	WEDNESDAY	THURSDAY
3	4	5	6
10	11	12	13
17	18	19	20
24	25	26	27

June 2024

FRIDAY	SATURDAY	SUNDAY	NOTES
	1	2	
7	8	9	
14	15	16	
21	22	23	
28	29	30	

July
2024

MONDAY	TUESDAY	WEDNESDAY	THURSDAY
1	2	3	4
8	9	10	11
15	16	17	18
22	23	24	25
29	30	31	

July

2024

FRIDAY	SATURDAY	SUNDAY	NOTES
5	6	7	
12	13	14	
19	20	21	
26	27	28	

August 2024

MONDAY	TUESDAY	WEDNESDAY	THURSDAY
			1
5	6	7	8
12	13	14	15
19	20	21	22
26	27	28	29

August

2024

FRIDAY	SATURDAY	SUNDAY	NOTES
2	3	4	
9	10	11	
16	17	18	
23	24	25	
30	31		

September 2024

MONDAY	TUESDAY	WEDNESDAY	THURSDAY
2	3	4	5
9	10	11	12
16	17	18	19
23	24	25	26
30			

September 2024

FRIDAY	SATURDAY	SUNDAY	NOTES
		1	
6	7	8	
13	14	15	
20	21	22	
27	28	29	

October 2024

MONDAY	TUESDAY	WEDNESDAY	THURSDAY
	1	2	3
7	8	9	10
14	15	16	17
21	22	23	24
28	29	30	31

October 2024

FRIDAY	SATURDAY	SUNDAY	NOTES
4	5	6	
11	12	13	
18	19	20	
25	26	27	

November 2024

MONDAY	TUESDAY	WEDNESDAY	THURSDAY
4	5	6	7
11	12	13	14
18	19	20	21
25	26	27	28

November 2024

FRIDAY	SATURDAY	SUNDAY	NOTES
1	2	3	_____
8	9	10	_____
15	16	17	_____
22	23	24	_____
29	30		_____
			_____

December 2024

MONDAY	TUESDAY	WEDNESDAY	THURSDAY
2	3	4	5
9	10	11	12
16	17	18	19
23	24	25	26
30	31		

December 2024

FRIDAY	SATURDAY	SUNDAY	NOTES
		1	
6	7	8	
13	14	15	
20	21	22	
27	28	29	

Website:

USERNAME:_____

EMAIL:_____ PHONE:_____

PASSWORD:_____

NOTES:_____

_____

Website:

USERNAME:_____

EMAIL:_____ PHONE:_____

PASSWORD:_____

NOTES:_____

_____

Website:

USERNAME:_____

EMAIL:_____ PHONE:_____

PASSWORD:_____

NOTES:_____

_____

Website:

USERNAME:_____

EMAIL:_____ PHONE:_____

PASSWORD:_____

NOTES:_____

_____

Website:

USERNAME:_____

EMAIL:_____ PHONE:_____

PASSWORD:_____

NOTES:_____

_____

Website:

USERNAME:_____

EMAIL:_____ PHONE:_____

PASSWORD:_____

NOTES:_____

_____

Website:

USERNAME:_____

EMAIL:_____ PHONE:_____

PASSWORD:_____

NOTES:_____

_____

Website:

USERNAME:_____

EMAIL:_____ PHONE:_____

PASSWORD:_____

NOTES:_____

_____

Website:

USERNAME:_____

EMAIL:_____ PHONE:_____

PASSWORD:_____

NOTES:_____

_____

Website:

USERNAME:_____

EMAIL:_____ PHONE:_____

PASSWORD:_____

NOTES:_____

_____

Website:

USERNAME:_____

EMAIL:_____ PHONE:_____

PASSWORD:_____

NOTES:_____

_____

Website:

USERNAME:_____

EMAIL:_____ PHONE:_____

PASSWORD:_____

NOTES:_____

_____

Website:

USERNAME:_____

EMAIL:_____ PHONE:_____

PASSWORD:_____

NOTES:_____

_____

Website:

USERNAME:_____

EMAIL:_____ PHONE:_____

PASSWORD:_____

NOTES:_____

_____

Website:

USERNAME:_____

EMAIL:_____ PHONE:_____

PASSWORD:_____

NOTES:_____

_____

Website:

USERNAME: _____

EMAIL: _____ **PHONE:** _____

PASSWORD: _____

NOTES: _____

_____

Website:

USERNAME: _____

EMAIL: _____ **PHONE:** _____

PASSWORD: _____

NOTES: _____

_____

Website:

USERNAME: _____

EMAIL: _____ **PHONE:** _____

PASSWORD: _____

NOTES: _____

_____

Website:

USERNAME:

EMAIL: _____ PHONE: _____

PASSWORD:

NOTES:

Website:

USERNAME:

EMAIL: _____ PHONE: _____

PASSWORD:

NOTES:

Website:

USERNAME:

EMAIL: _____ PHONE: _____

PASSWORD:

NOTES:

Website:

USERNAME: _____

EMAIL: _____ **PHONE:** _____

PASSWORD: _____

NOTES: _____

_____

Website:

USERNAME: _____

EMAIL: _____ **PHONE:** _____

PASSWORD: _____

NOTES: _____

_____

Website:

USERNAME: _____

EMAIL: _____ **PHONE:** _____

PASSWORD: _____

NOTES: _____

_____

Website:

USERNAME:_____

EMAIL:_____ PHONE:_____

PASSWORD:_____

NOTES:_____

_____

Website:

USERNAME:_____

EMAIL:_____ PHONE:_____

PASSWORD:_____

NOTES:_____

_____

Website:

USERNAME:_____

EMAIL:_____ PHONE:_____

PASSWORD:_____

NOTES:_____

_____

Website:

USERNAME:_____

EMAIL:_____ **PHONE:**_____

PASSWORD:_____

NOTES:_____

_____

Website:

USERNAME:_____

EMAIL:_____ **PHONE:**_____

PASSWORD:_____

NOTES:_____

_____

Website:

USERNAME:_____

EMAIL:_____ **PHONE:**_____

PASSWORD:_____

NOTES:_____

_____

Contact *Information*

NAME: _____

BUSINESS: _____

WEBSITE: _____

EMAIL: _____

PHONE: _____

NAME: _____

BUSINESS: _____

WEBSITE: _____

EMAIL: _____

PHONE: _____

NAME: _____

BUSINESS: _____

WEBSITE: _____

EMAIL: _____

PHONE: _____

NAME: _____

BUSINESS: _____

WEBSITE: _____

EMAIL: _____

PHONE: _____

NAME: _____

BUSINESS: _____

WEBSITE: _____

EMAIL: _____

PHONE: _____

NAME: _____

BUSINESS: _____

WEBSITE: _____

EMAIL: _____

PHONE: _____

NAME: _____

BUSINESS: _____

WEBSITE: _____

EMAIL: _____

PHONE: _____

NAME: _____

BUSINESS: _____

WEBSITE: _____

EMAIL: _____

PHONE: _____

Contact *Information*

NAME: _____	NAME: _____
BUSINESS: _____	BUSINESS: _____
WEBSITE: _____	WEBSITE: _____
EMAIL: _____	EMAIL: _____
PHONE: _____	PHONE: _____

NAME: _____	NAME: _____
BUSINESS: _____	BUSINESS: _____
WEBSITE: _____	WEBSITE: _____
EMAIL: _____	EMAIL: _____
PHONE: _____	PHONE: _____

NAME: _____	NAME: _____
BUSINESS: _____	BUSINESS: _____
WEBSITE: _____	WEBSITE: _____
EMAIL: _____	EMAIL: _____
PHONE: _____	PHONE: _____

NAME: _____	NAME: _____
BUSINESS: _____	BUSINESS: _____
WEBSITE: _____	WEBSITE: _____
EMAIL: _____	EMAIL: _____
PHONE: _____	PHONE: _____

Contact *Information*

NAME: _____   **NAME:** _____

BUSINESS: _____   **BUSINESS:** _____

WEBSITE: _____   **WEBSITE:** _____

EMAIL: _____   **EMAIL:** _____

PHONE: _____   **PHONE:** _____

NAME: _____   **NAME:** _____

BUSINESS: _____   **BUSINESS:** _____

WEBSITE: _____   **WEBSITE:** _____

EMAIL: _____   **EMAIL:** _____

PHONE: _____   **PHONE:** _____

NAME: _____   **NAME:** _____

BUSINESS: _____   **BUSINESS:** _____

WEBSITE: _____   **WEBSITE:** _____

EMAIL: _____   **EMAIL:** _____

PHONE: _____   **PHONE:** _____

NAME: _____   **NAME:** _____

BUSINESS: _____   **BUSINESS:** _____

WEBSITE: _____   **WEBSITE:** _____

EMAIL: _____   **EMAIL:** _____

PHONE: _____   **PHONE:** _____

Contact *Information*

NAME: _____

BUSINESS: _____

WEBSITE: _____

EMAIL: _____

PHONE: _____

NAME: _____

BUSINESS: _____

WEBSITE: _____

EMAIL: _____

PHONE: _____

NAME: _____

BUSINESS: _____

WEBSITE: _____

EMAIL: _____

PHONE: _____

NAME: _____

BUSINESS: _____

WEBSITE: _____

EMAIL: _____

PHONE: _____

NAME: _____

BUSINESS: _____

WEBSITE: _____

EMAIL: _____

PHONE: _____

NAME: _____

BUSINESS: _____

WEBSITE: _____

EMAIL: _____

PHONE: _____

NAME: _____

BUSINESS: _____

WEBSITE: _____

EMAIL: _____

PHONE: _____

NAME: _____

BUSINESS: _____

WEBSITE: _____

EMAIL: _____

PHONE: _____

Contact *Information*

NAME: _____

BUSINESS: _____

WEBSITE: _____

EMAIL: _____

PHONE: _____

NAME: _____

BUSINESS: _____

WEBSITE: _____

EMAIL: _____

PHONE: _____

NAME: _____

BUSINESS: _____

WEBSITE: _____

EMAIL: _____

PHONE: _____

NAME: _____

BUSINESS: _____

WEBSITE: _____

EMAIL: _____

PHONE: _____

NAME: _____

BUSINESS: _____

WEBSITE: _____

EMAIL: _____

PHONE: _____

NAME: _____

BUSINESS: _____

WEBSITE: _____

EMAIL: _____

PHONE: _____

NAME: _____

BUSINESS: _____

WEBSITE: _____

EMAIL: _____

PHONE: _____

NAME: _____

BUSINESS: _____

WEBSITE: _____

EMAIL: _____

PHONE: _____

Contact *Information*

NAME: _____
BUSINESS: _____
WEBSITE: _____
EMAIL: _____
PHONE: _____

NAME: _____
BUSINESS: _____
WEBSITE: _____
EMAIL: _____
PHONE: _____

NAME: _____
BUSINESS: _____
WEBSITE: _____
EMAIL: _____
PHONE: _____

NAME: _____
BUSINESS: _____
WEBSITE: _____
EMAIL: _____
PHONE: _____

NAME: _____
BUSINESS: _____
WEBSITE: _____
EMAIL: _____
PHONE: _____

NAME: _____
BUSINESS: _____
WEBSITE: _____
EMAIL: _____
PHONE: _____

NAME: _____
BUSINESS: _____
WEBSITE: _____
EMAIL: _____
PHONE: _____

NAME: _____
BUSINESS: _____
WEBSITE: _____
EMAIL: _____
PHONE: _____

Contact *Information*

NAME: _____   NAME: _____

BUSINESS: _____   BUSINESS: _____

WEBSITE: _____   WEBSITE: _____

EMAIL: _____   EMAIL: _____

PHONE: _____   PHONE: _____

NAME: _____   NAME: _____

BUSINESS: _____   BUSINESS: _____

WEBSITE: _____   WEBSITE: _____

EMAIL: _____   EMAIL: _____

PHONE: _____   PHONE: _____

NAME: _____   NAME: _____

BUSINESS: _____   BUSINESS: _____

WEBSITE: _____   WEBSITE: _____

EMAIL: _____   EMAIL: _____

PHONE: _____   PHONE: _____

NAME: _____   NAME: _____

BUSINESS: _____   BUSINESS: _____

WEBSITE: _____   WEBSITE: _____

EMAIL: _____   EMAIL: _____

PHONE: _____   PHONE: _____

Contact *Information*

NAME: _____

BUSINESS: _____

WEBSITE: _____

EMAIL: _____

PHONE: _____

NAME: _____

BUSINESS: _____

WEBSITE: _____

EMAIL: _____

PHONE: _____

NAME: _____

BUSINESS: _____

WEBSITE: _____

EMAIL: _____

PHONE: _____

NAME: _____

BUSINESS: _____

WEBSITE: _____

EMAIL: _____

PHONE: _____

NAME: _____

BUSINESS: _____

WEBSITE: _____

EMAIL: _____

PHONE: _____

NAME: _____

BUSINESS: _____

WEBSITE: _____

EMAIL: _____

PHONE: _____

NAME: _____

BUSINESS: _____

WEBSITE: _____

EMAIL: _____

PHONE: _____

NAME: _____

BUSINESS: _____

WEBSITE: _____

EMAIL: _____

PHONE: _____

Contact *Information*

NAME: _____ **NAME:** _____

BUSINESS: _____ **BUSINESS:** _____

WEBSITE: _____ **WEBSITE:** _____

EMAIL: _____ **EMAIL:** _____

PHONE: _____ **PHONE:** _____

NAME: _____ **NAME:** _____

BUSINESS: _____ **BUSINESS:** _____

WEBSITE: _____ **WEBSITE:** _____

EMAIL: _____ **EMAIL:** _____

PHONE: _____ **PHONE:** _____

NAME: _____ **NAME:** _____

BUSINESS: _____ **BUSINESS:** _____

WEBSITE: _____ **WEBSITE:** _____

EMAIL: _____ **EMAIL:** _____

PHONE: _____ **PHONE:** _____

NAME: _____ **NAME:** _____

BUSINESS: _____ **BUSINESS:** _____

WEBSITE: _____ **WEBSITE:** _____

EMAIL: _____ **EMAIL:** _____

PHONE: _____ **PHONE:** _____

Contact *Information*

NAME: _____

BUSINESS: _____

WEBSITE: _____

EMAIL: _____

PHONE: _____

NAME: _____

BUSINESS: _____

WEBSITE: _____

EMAIL: _____

PHONE: _____

NAME: _____

BUSINESS: _____

WEBSITE: _____

EMAIL: _____

PHONE: _____

NAME: _____

BUSINESS: _____

WEBSITE: _____

EMAIL: _____

PHONE: _____

NAME: _____

BUSINESS: _____

WEBSITE: _____

EMAIL: _____

PHONE: _____

NAME: _____

BUSINESS: _____

WEBSITE: _____

EMAIL: _____

PHONE: _____

NAME: _____

BUSINESS: _____

WEBSITE: _____

EMAIL: _____

PHONE: _____

NAME: _____

BUSINESS: _____

WEBSITE: _____

EMAIL: _____

PHONE: _____

Notes

Notes

Notes

Notes

Notes

Notes

Notes

Notes

Notes

Made in the USA
Monee, IL
04 January 2023

24133609R00068